Katja Lange · Andreas Furtmayr

Erotic Food

Rezeptfotos: Brigitte Sauer

Inhalt

Das erste Ma(h)l

Pleiten, Pech und Pannen

4 Survival-Tipps für Fettnäpfchen der ersten Nacht

Klamotten, Frisur, Styling. Restaurant, Club, Bar.
Zu mir oder zu dir…

Mal ehrlich: Was soll die Planerei?

Mal abgesehen davon, dass Grübeln Stirnfalten macht (extrem unsexy!): Spontaneität macht nicht nur die besten Parties – sie ist auch der Liebe zuträglich.

Effektiver, als stundenlang in der Küche zu stehen und ein Vier-Gänge-Menü zu zaubern, ist, Champagner, Martini o.ä. in den Kühlschrank zu packen, sexy Dessous ins Eisfach zu legen und sich auf das Wesentliche zu konzentrieren.

Alles andere ergibt sich von selbst!

Schöne Schale?

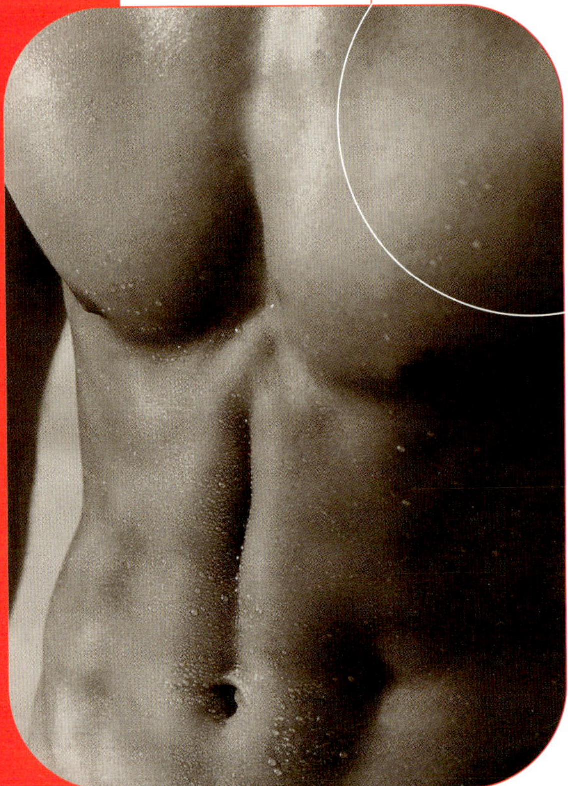

Er sieht aus wie eine Kreuzung aus Tom Cruise, Markus Schenkenberg und Jude Law. Er hat einen Waschbrettbauch wie Brad Pitt in »Fight Club« und einen Po wie Harvey Keitel in »Das Piano«. Schön und gut. Zum Angucken. Aber über seine Qualitäten als Lover sagt das noch lange nichts aus! Nichts gegen Muckibuden – aber ein guter Liebhaber muss auch in der Lage sein, seine Muskeln mit Verstand einzusetzen. Und da liegen die Otto Waalkes und Wigald Bonings dieser Welt dann doch wieder vorn…

Ein, zwei Caipirinha zum Warmwerden. Ein Gläschen Rotwein – der löst die Zunge. Und bevor es ernst wird, eine Flasche Sekt, in zwei Minuten runtergespült – killt die letzten Hemmungen. Na dann: Gute Nacht! Wer nach der Ration noch viel (Liebes-) Action erwartet, ist schief gewickelt: Zuviel „Sprit" benebelt die Sinne und macht hundemüde. Es gibt bessere Starts für den ersten Abend zu zweit!

Alkohol hemmt die Libido

Vorsicht Ess-Falle

Es soll Leute geben, die halten gemeinsames Kochen und Essen für die erotischste Sexualpraktik überhaupt! Man sollte allerdings wissen, wie man's macht! Ein paar Grundregeln: Scharfe Gewürze wie Curry oder Pfeffer sind gut (und als Aphrodisiaka bekannt). Aber Hände weg vom Knoblauch: Die bittersüße Fahne jagt auch den heißblütigsten Verehrer in die Flucht! Gemüse ja (Frisches macht fit, nicht nur in der Liebe) – aber Vorsicht bei Hülsenfrüchten: Bohnen & Co. können die ambitioniertesten Lover auseinandertreiben. Seafood wie Austern, Garnelen oder Lachs sollen die Liebesnerven so richtig in Fahrt bringen. Zuviel ist jedoch auch hier ungesund: Ein Eiweißschock ruft unter Umständen die Sanitäter auf den Plan, nicht aber seinen kleinen Freund!

Avocadosalat

ca. 15 Minuten

Leckeres Zwischengericht oder Vorspeise, unbedingt frisch zubereiten, weil die Avocado schnell braun wird.

Zutaten:

1 Radicchio (vorzugsweise Radicchio Trevisano) oder Chicorée
100 g saure Sahne
1 TL Senf (mittelscharf oder Dijon-Senf)
1 EL Obst- oder Weißweinessig
4 EL Olivenöl
3 EL Gemüsebrühe
Salz, Pfeffer aus der Mühle
1 reife Avocado
Saft von 1/2 Limone
1 Scheibe Weißbrot
1 EL geriebener Parmesan

Den Radicchio oder Chicorée putzen, waschen und in mundgerechte Stücke schneiden.

Für das Dressing die saure Sahne mit Senf, Essig, 3 EL Öl und der Gemüsebrühe verrühren und mit Salz und Pfeffer würzen.

Die Avocado längs aufschneiden und den Kern entfernen. Die Avocado schälen und quer in dünne Scheiben schneiden.
Mit dem Limonensaft beträufeln und halbkreisförmig auf zwei Tellern anrichten.

Das Weißbrot in kleine Würfel schneiden und in einer Pfanne mit dem restlichen Olivenöl bei mittlerer Hitze knusprig rösten. Zum Schluß den Parmesan darüber streuen und vermischen.

Den Radicchio oder Chicorée in der Mitte der Teller anrichten, das Dressing über den Salat verteilen und mit den Croûtons bestreuen.

Tipp: Den Salat mit frisch gehackten Kräutern bestreuen. Das sieht nicht nur schöner aus: Petersilie & Co. gelten schon seit Jahrhunderten als effektive Stimulanzien!

Sellerie-Kartoffel-Suppe

12

ca. 30 Minuten

Feine Vorspeise, mit der doppelten Menge wird ein (winterliches) Hauptgericht daraus.

Zutaten:

150 g geschälte Kartoffeln (mehligkochende Sorte)
2 Schalotten oder 1 kleine Zwiebel
150 g geschälter Knollensellerie mit Selleriegrün
1 EL Butter
600 ml Gemüse- oder Fleischbrühe
100 g Sahne
Salz, Pfeffer aus der Mühle
1 Prise Cayennepfeffer
einige Tropfen Trüffelöl

Die Kartoffeln in kleine Würfel schneiden. Schalotten oder Zwiebel schälen und fein hacken. Den Knollensellerie ebenfalls würfeln, das Grün aber aufbewahren, waschen und fein hacken.

In einem Suppentopf die Butter zerlassen und die Zwiebelwürfel kurz andünsten. Dann Sellerie und Kartoffeln dazugeben, andünsten und mit der Brühe auffüllen. Das Gemüse in 15 Minuten weich kochen und mit dem Pürierstab pürieren.

Die Sahne in die Suppe gießen, mit Salz, Pfeffer und Cayennepfeffer abschmecken und nochmals aufkochen. Die Suppe auf zwei Teller verteilen, mit dem Selleriegrün bestreuen und als Krönung einige Tropfen Trüffelöl darüber träufeln.

Tipp: Natürlich schmeckt diese Suppe auch ohne Trüffelöl ganz hervorragend, und wer stattdessen ein feines, fruchtiges Olivenöl verwendet, macht auch keinen Fehler.

Käsepfannkuchen

ca. 30 Minuten

Als Hauptgericht einfach die Menge verdoppeln.

Zutaten:

75 g Mehl
60 ml Mineralwasser
2 Eier
1 Prise Salz
1 EL fein gehackte Petersilie
125 g Mozzarella
250 g grüner Spargel
2 EL Olivenöl
2 EL Crème fraîche
Pfeffer aus der Mühle

Das Mehl in eine Schüssel geben und nach und nach mit einem Schneebesen Mineralwasser, Eier, Salz und Petersilie verrühren, sodass keine Klümpchen entstehen. Den Teig 20 Minuten ruhen lassen.

Inzwischen den Mozzarella gut abtropfen lassen, in dünne Scheiben oder kleine Würfel schneiden. Den Backofen auf 75° vorheizen. Den Spargel am unteren holzigen Ende großzügig abschneiden und nur das letzte Drittel schälen. Anschließend längs halbieren. Den Spargel in einer beschichteten Pfanne mit 1 EL Olivenöl bei mittlerer Hitze braten, bis er leicht gebräunt ist, aber noch Biss hat. Im Backofen (Mitte, Umluft 50°) warm halten.

1/2 EL Öl in einer Pfanne erhitzen. Jeweils die Hälfte des Teiges gleichmäßig in der Pfanne verteilen und eine Seite knusprig backen. Den Pfannkuchen wenden, die Hälfte Mozzarella darauf verteilen und fertig backen, warm halten.

Die Pfannkuchen auf 2 Teller verteilen, je 1 EL Crème fraîche darauf verstreichen und den Spargel darüber legen. Einrollen und sofort vernaschen.

Krabbencrostini

ca. 10 Minuten

Als Vorspeise oder Betthupferl…

Zutaten:

200 g Nordseekrabben oder Grönland-Garnelen
Saft von 1/2 Zitrone
3 EL Joghurt-Salat-Creme
2 EL saure Sahne
Salz, Pfeffer aus der Mühle
2 große Scheiben Vollkornbrot
2 EL Olivenöl
1 EL Schnittlauchröllchen

Die Krabben unter kaltem Wasser abspülen und abtropfen lassen. Grob hacken und mit dem Zitronensaft, der Joghurt-Salat-Creme und der sauren Sahne vermischen. Mit Salz und Pfeffer abschmecken.

Das Vollkornbrot in kleine mundgerechte Stücke schneiden. Das Olivenöl in einer Pfanne erhitzen, die Brotscheiben darin knusprig rösten und etwas abkühlen lassen. Mit der Krabbencreme bestreichen und mit den Schnittlauchröllchen garnieren.

Scharfe Nudeln

ca. 20 Minuten

Beim ersten Ma(h)l vielleicht auf den Knoblauch verzichten – die Nudeln schmecken auch ohne!

Zutaten:

Salz
250 g Kirschtomaten
1 Knoblauchzehe
1 scharfe rote Chilischote
200 – 250 g Spaghetti
3 EL Olivenöl
1 EL Tomatenmark
Salz, Pfeffer aus der Mühle
einige Basilikumblättchen
2 EL frisch gehobelter Parmesan

In einem großen Topf 2–3 l Wasser mit 1 EL Salz zum Kochen bringen. Die Kirschtomaten waschen und vierteln. Die Knoblauchzehe schälen und mit einer Presse oder einem breiten Messerrücken zerdrücken. Die Chilischote waschen, entkernen, klein schneiden. Vorsicht: Nicht in die Augen fassen!

Die Spaghetti im Salzwasser nach Packungsanweisung bissfest kochen. Währenddessen Knoblauch und Chili in 2 EL Olivenöl anschwitzen, das Tomatenmark unterrühren und die Tomaten dazugeben. Mit Salz und Pfeffer würzen und alles gut erwärmen. Die Tomaten nicht verkochen lassen, evtl. etwas Brühe zugießen.

Die Spaghetti abgießen, in den Topf zurückgeben und mit der Sauce vermischen. Auf zwei Teller verteilen, Basilikumblättchen darauf geben, das restliche Olivenöl darüber gießen und mit Parmesan krönen. Schnell und heiß servieren.

Tipps: Wer es noch raffinierter mag, gibt zusammen mit dem Knoblauch zwei Sardellenfilets und einige Kapern (beides unter fließendem Wasser abgespült und grob gehackt) in die Pfanne. Statt Chilischoten eignet sich auch Chilipulver.

Currywings

ca. 50 Minuten, plus Marinierzeit

Ein Hauptgericht, das sich gut vorbereiten lässt und vom Holzkohlengrill noch besser schmeckt.

Zutaten:

6–8 Hähnchenflügel
1 EL rote Currypaste
(aus dem Asienladen)
1 EL Honig
1 TL Tomatenmark
1 1/2 EL Ketchup
75 g Joghurt
Saft von 1/2 Zitrone
3 EL Olivenöl
Salz

Die Hähnchenflügel kalt abwaschen und gut abtrocknen. In einer Schüssel die Currypaste, Honig, Tomatenmark, Ketchup, Joghurt, Zitronensaft und Öl vermischen und mit Salz abschmecken. Die Flügel mit der Mischung bestreichen und mindestens 2 Stunden im Kühlschrank marinieren lassen.

Den Backofen auf 225° vorheizen. Die überschüssige Marinade von den Flügeln abtropfen lassen und die Flügel nebeneinander auf ein Backblech legen. Im Backofen (Mitte, Umluft 200°) in 25–30 Minuten knusprig grillen

Scampi mit Melone

18

ca. 30 Minuten

Als Hauptgericht die doppelte Menge Scampi kaufen.

Zutaten:

8 ungeschälte rohe Scampi (TK, aufgetaut)
Saft von 1/2 Zitrone
Salz, Pfeffer aus der Mühle
einige Spritzer Tabasco, je nach gewünschter Schärfe
1/2 nicht zu reife Honigmelone
1 EL scharfer Senf oder Dijon-Senf
1-2 EL Balsamico bianco (ersatzweise guter Weißweinessig mit etwas Zucker)
2 EL Olivenöl
1 EL fein gehacktes Koriandergrün oder Petersilie

Die Scampi waschen und trockentupfen. Falls noch nicht geschehen, den Darm entfernen. Dazu die Scampi an der Rückenseite auf-, aber nicht durchschneiden. Den dünnen, schwarzen Darm mit den Fingern entfernen. Zitronensaft, Salz, Pfeffer und Tabasco vermischen, die Scampi mit der Marinade beträufeln und in den Kühlschrank stellen.

Inzwischen die Melone entkernen, schälen und in grobe Stücke schneiden. Mit Senf und Essig im Mixer pürieren und mit Salz, Pfeffer, nach Belieben Tabasco und Zitronensaft abschmecken. Dip in zwei kleine Gläser füllen.

Das Öl in einer Pfanne erhitzen und die Scampi darin etwa 3 Minuten braten. Die Scampi kreisförmig auf zwei Tellern anrichten, mit Koriander oder Petersilie bestreuen und mit dem Melonendip und Weißbrot servieren.

Schokoeis mit Zimtsahne

ca. 15 Minuten

Zutaten:

1 Granatapfel

1 Vanilleschote

feines Schokoladeneis nach Appetit

200 g Sahne

1 TL Zucker

Zimtpulver

2 EL Grenadine (Granatapfelsirup)

Zwei Teller kühl stellen. Den Granatapfel halbieren und die Samen mit einem Löffel herauslösen. Die Vanilleschote mit einem scharfen Messer längs halbieren und mit dem Messerrücken die schwarzen Samen herausschaben. Das Eis aus dem Gefrierfach nehmen, damit es etwas weicher wird. Die Sahne mit dem Zucker und der Vanille steif schlagen.

Auf die Teller abwechselnd Kugeln vom Schokoladeneis und kleine Sahnekleckse nebeneinander anrichten. Die Sahne und den Tellerrand mit etwas gemahlenem Zimt bestäuben, Grenadine darüber träufeln und mit den Granatapfelkernen bestreut servieren.

Tipp: Mit Grendadine lassen sich auch wunderbare Cocktails mixen: Zum Beispiel für einen Planters Punch 6 cl Jamaica Rum mit 2 cl Limonensaft, 2 cl Grenadine und 8 cl Orangensaft auf Eis im Shaker kräftig schütteln, in ein Longdrinkglas auf Eis abseihen und mit Orangenscheibe und Cocktailkirsche garniert servieren.

Orangencreme

ca. 20 Minuten

Zutaten:

1 unbehandelte Orange
4 Löffelbiskuits
100 ml Orangensaft
200 g Mascarpone
100 g Joghurt
einige Tropfen Orangenaroma
oder etwas Orangenlikör

Die Orange waschen, trockentupfen und die Schale etwa zur Hälfte abreiben. Die Orange mit einem scharfen Messer so schälen, dass auch die weiße Haut entfernt wird. Dann die einzelnen Orangenfilets herausschneiden.

Je 2 Löffelbiskuits grob zerbrechen und in ein Wasser- oder Weinglas geben. Mit der Hälfte des Orangensafts tränken. Die Mascarpone, den Joghurt und den restlichen Orangensaft mit einem Schneebesen zu einer glatten Creme verrühren. Die Orangenfilets in Stücke schneiden – einige für die Dekoration beiseite legen – und mit der Orangenschale, dem Orangenaroma oder dem Likör unter die Creme rühren. Die Creme auf die getränkten Löffelbiskuits verteilen und mit den restlichen Orangenfilets garniert servieren.

Was zaubert er am Morgen nach einer heißen Liebesnacht? Toast mit Nutella – für seine Süße? Einen Riesenteller Joghurt mit frischen Früchten – für einen erneuten »Löffelchen-Marathon«? Oder Rühreier – zur Stärkung, für die zweite, dritte, vierte Runde? Männer und ihr Liebesfrühstück. Eine Typologie.

Der Morgen danach

Typ 1:

Gauloises und Kaffee

Der Herr verschwendet keine Zeit: Eine Zigarette, eine Tasse Kaffee, vielleicht ein Glas Wasser – schon steht er wieder! Man will schließlich noch ein bisschen was vom Tag haben … Ein Purist, ein Bonvivant. Kurz, einer, der die wesentlichen von den unwesentlichen Dingen unterscheiden kann. Wenn er zu allem Überfluss auch noch ein wenig so aussieht wie der Gauloises-Mann aus der Werbung, sollte sie Nägel mit Köpfen machen. Bloß nicht wieder loslassen: Soviel, wie der Typ vom Leben versteht, versteht er auch von der Liebe!

Übrigens: Dieser Typ ist nicht zu verwechseln mit der »Kippe-in-der-Kloschüssel-und-Mundgeruch-wie-kalter-Kaffee«-Variante. Bei dem gilt nur: Nichts wie weg!

Typ 2:

Selbstgebackene Muffins, heißer Café au lait, frischer Orangensaft, Rührei

Junge, der Kerl legt sich ganz schön ins Zeug! Fast so, als hätte er was zu verbergen! Vielleicht eine umsichtige Ehefrau, die ihm den Kühlschrank noch prall gefüllt hat, ehe sie mit den Kindern zu ihren Eltern gefahren ist. Aber wer wird denn gleich das Schlimmste annehmen. Nicht alle Männer, die backen, sind hausbacken! Und nicht alle umsichtigen Gastgeber sind schwul (oder verheiratet). Also: Spurensuche im Zahnputzbecher – und wenn die Luft rein ist – zurücklehnen und genießen!

Typ 3:

Kräutertee, Dinkelplätzchen und selbstgemachter Quarkaufstrich

Ein Öko! Wie süß! In welchem Reformhaus hast Du den denn eingefangen? Wenn er so liebt, wie er einkauft (sehr akribisch!) – fein! Dann ist Eure Zukunft ja gesichert. Versucht er allerdings schon beim Frühstück im Bett Dein Schlafzimmer nach Feng-Shui-Regeln umzudekorieren und meckert, weil Du auf seinem Frühstücksbuffet Wurst und Schinken vermisst: Finger weg! Lass Dir von einem wie ihm nicht die Butter vom Brot nehmen. Da kann er noch so ein versierter Liebhaber sein. So grundlegende Differenzen macht das nicht wett.

Typ 4:
Kaffee, Toast, Marmelade, Zeitung

Zu schön um wahr zu sein! Ein durch und durch reeller Typ, der es versteht zu leben und sich selbst nicht zu wichtig nimmt. Als aufgeklärter Sohn seiner Zeit weiß er über den Status der Nahost-Friedensverhandlungen ebenso gut Bescheid wie über die Stimulation des weiblichen G-Punkts und ähnlicher Lustzentren. Letzteres sogar sehr genau… Hmmm! Ein Typ zum Träumen! Unbedingt festhalten (wenn er noch Single ist…)

Typ 5:
»Geh'n wir ins Café?«

Der Kerl verheimlicht Dir etwas – und sei es nur seinen gähnend leeren, total unaufgeräumten oder bis an den Rand mit Bier vollbepackten Kühlschrank. Männer, die es nicht schaffen, einer Frau, mit der sie die Nacht verbracht haben, spontan ein kleines Frühstück zu zaubern (mehr verlangen wir ja gar nicht!), sind grundsätzlich verdächtig.

Andererseits: Vielleicht war gestern ja wirklich keine Zeit mehr zum Einkaufen. Vielleicht war er so sehr mit der Planung Eures Rendezvous beschäftigt, dass er den Morgen danach ganz vergessen hat? Na, dann wollen wir noch mal ein Auge zudrücken.

Aber nur, wenn er auch die Rechnung übernimmt…

Crêpes mit Maronencreme

ca. 15 Minuten, plus Ruhezeit

Zutaten:

2 EL Butter

75 g Mehl

1 Ei

1 TL Zucker

1 kleine Prise Salz

150 ml Milch

Butter zum Backen

2 – 4 EL Maronencreme (Glas oder Dose)

Wenn möglich Ei und Milch rechtzeitig aus dem Kühlschrank nehmen oder etwas anwärmen. Die Butter bei schwacher Hitze schmelzen lassen. Das Mehl in eine Schüssel geben. Ei, Zucker und Salz dazugeben, die Milch darübergießen und alles mit einem Schneebesen zu einem dünnen, glatten Teig verrühren. Die geschmolzene Butter unterrühren und den Teig 30 Minuten ruhen lassen. (Kleiner Tipp für den Koch: Einfach ein Beispiel am Teig nehmen und vor, nach oder mit dem ersten Kaffee – Cafe latte? – nochmal ins Bett legen.)

Den Backofen auf 50° vorheizen und zwei Teller hineinstellen. Eine beschichtete Pfanne mit wenig Butter erhitzen. So viel Teig hineingießen und die Pfanne dabei schwenken, dass der Teig den ganzen Boden überzieht. Auf jeder Seite 2 Minuten backen. Zum Warmhalten Pfannkuchen zwischen die beiden Teller legen. Auf diese Weise den restlichen Teig in insgesamt 6 Crêpes verwandeln und warm mit Maronencreme bestrichen genießen.

Tipp: Lecker und klebrig schmecken die Crêpes mit Honig und grob gehackten Walnusskernen oder Nuss-Nougat-Creme oder, oder, oder...

Fruchtsalat

ca. 15 Minuten

Zutaten:

1 Limone
1/2 reife Honigmelone (vielleicht gab's ja am Vorabend den Melonendip zu den Scampi)
1/3 frische Ananas
1 reife Birne
einige Blättchen Zitronenmelisse oder Minze
4 EL Kürbiskerne

Die Limone heiß abwaschen, abtrocknen und dünn abschälen. Die Schale in feine Streifen schneiden, den Saft auspressen. Die Melone entkernen und schälen. Die Ananas schälen, dabei die braunen Augen und den harten Mittelstrunk herausschneiden. Die Birne waschen, vierteln und das Kerngehäuse entfernen.

Das Obst in mundgerechte gleichmäßige Stücke schneiden. Mit dem Limonensaft begießen, die Limonenschale und die Zitronenmelisse oder die Minze dazugeben und den Obstsalat vorsichtig mischen. Auf zwei schöne Schälchen oder tiefe Teller verteilen. Die Kürbiskerne in einer Pfanne ohne Fett anrösten. Über den Salat verteilen und genießen.

Beerenshake

ca. 5 Minuten

Zutaten:

200 g reife Beeren (z.B. Erdbeeren, Himbeeren oder Brombeeren; zur Not auch aufgetaute Früchte)
1 EL Honig
200 ml Kokosmilch (aus dem Asienladen)
300 ml Buttermilch
Saft von 1/2 Limone
1 EL Kokosraspel
Eiswürfel
2 Limonenscheiben zum Garnieren

Die Beeren waschen und trockentupfen. Zusammen mit dem Honig, Kokosmilch, Buttermilch und dem Limonensaft mixen.

Die Glasränder befeuchten und in die Kokosraspel tauchen, Eiswürfel in die Gläser verteilen und den Shake einfüllen. Mit Limonenscheiben garniert servieren.

Tipp: Kokosmilch passt zu vielen asiatischen Gerichten und mildert die Schärfe der Currypasten. Zum Beispiel im Gemüsecurry auf Seite 70.

Express-Gourmet-Frühstück

ca. 15 Minuten

Zutaten:

2 Vollkornbrötchen

2 EL Doppelrahmfrischkäse

2 EL Meerrettich (aus dem Glas oder noch leckerer und schärfer frisch geraspelt)

1 EL Zitronensaft

150 g Räucherlachs in Scheiben

Kresse zum Dekorieren

1 Flasche Champagner

Die Vollkornbrötchen vertikal in dünne Scheiben schneiden. Frischkäse mit Meerrettich und Zitronensaft vermischen und auf die Brötchenscheiben streichen. Mit den Räucherlachsscheiben belegen und mit der Kresse dekorieren. Den Champagner dazu trinken und danach wieder ins Bett gehen.

Tipp: Statt Rollmops und Cola bringt ein scharfer Muntermacher Sie am nächsten Morgen besser wieder in Trab. Dafür 200 ml Karottensaft mit 400 ml Tomatensaft (beides gut gekühlt) miteinander vermischen und mit Salz, Pfeffer, Selleriesalz, Tabasco und Worchestershiresauce kräftig würzen. Eiswürfel in zwei große Gläser verteilen und den Gemüsesaft darüber gießen. Hartgesottene lassen den Karottensaft weg, nehmen nur 200 ml Tomatensaft, dafür 10 cl Wodka und haben damit eine Bloody Mary.

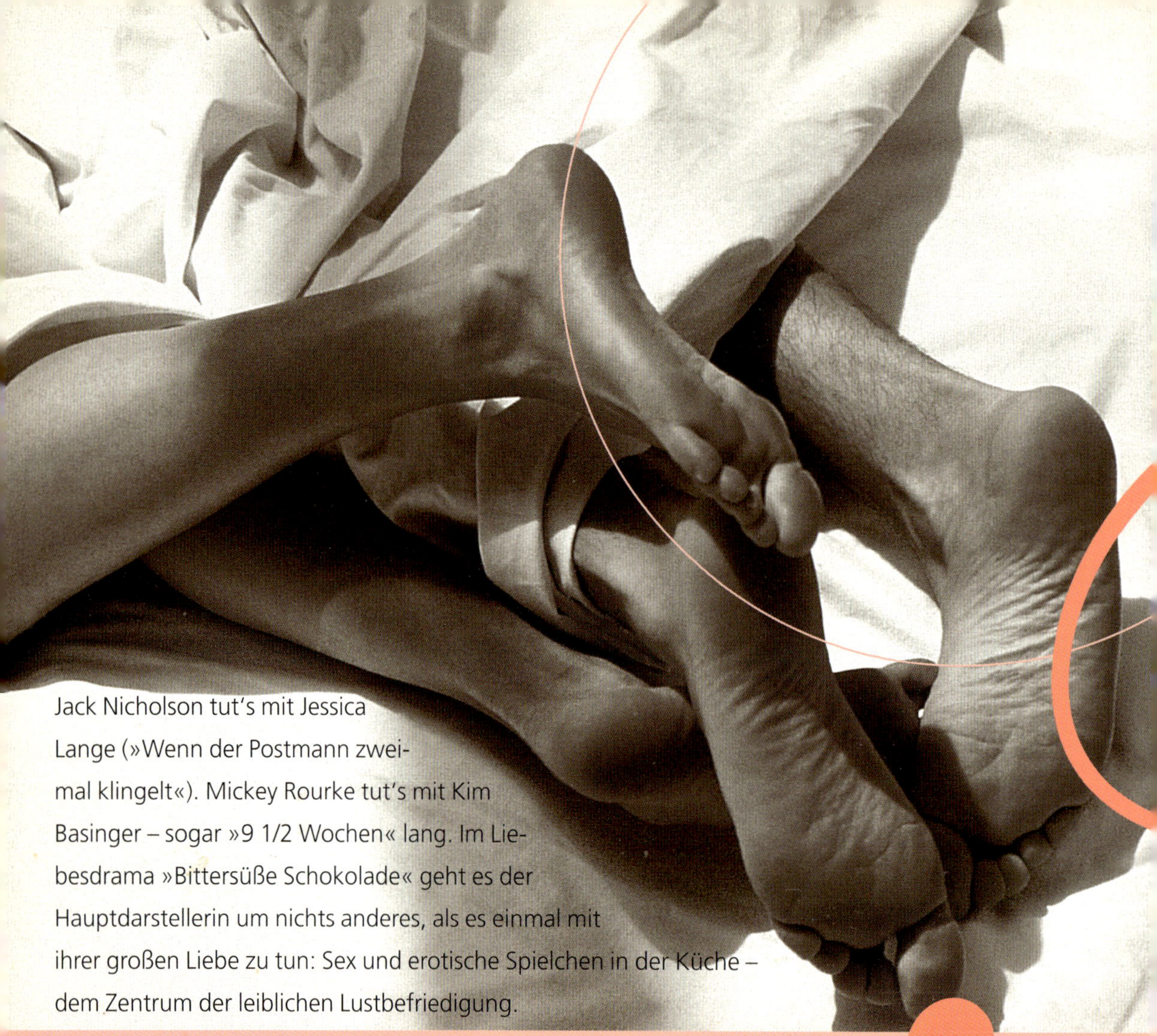

Jack Nicholson tut's mit Jessica Lange (»Wenn der Postmann zweimal klingelt«). Mickey Rourke tut's mit Kim Basinger – sogar »9 1/2 Wochen« lang. Im Liebesdrama »Bittersüße Schokolade« geht es der Hauptdarstellerin um nichts anderes, als es einmal mit ihrer großen Liebe zu tun: Sex und erotische Spielchen in der Küche – dem Zentrum der leiblichen Lustbefriedigung.

Betthupferl

Küchenliebe (oder: Betthupferl für alle)

Leider ist die nette Nummer zwischen Kühlschrank und Küchentisch für den Großteil aller Liebenden nicht mehr als eine prickelnde Fantasie. Spießig, aber wahr: Die meisten Sexualkontakte finden im Schlafzimmer statt.

Schade eigentlich: Denn schon eine standardmäßig eingerichtete Küche bietet viele reizvolle Möglichkeiten zur Lustbefriedigung! Versteht mich nicht falsch: Dies ist kein Plädoyer für die Liebe auf dem kalten Küchenboden oder dem steinharten Esstisch. Aber wer noch nie auf einer (kalten!) Herdplatte heiße Liebe gemacht hat, hat wirklich was verpasst.

Erlaubt ist alles, was Küche und Kühlschrank hergeben. Man braucht nur Schrank, Vorratsraum und Kühlschranktür aufzumachen – schon springen sie einem entgegen, die kleinen aber feinen Quellen der Lust: Klebriges (Honig, Nutella etc.), Süßes (Eiscreme, Marmelade, Sahne, Früchte) und andere Leckereien warten nur darauf, im Namen der Liebe zweckentfremdet zu werden. Und es ist ein offenes Geheimnis, dass sich Champagner aus süßen Bauchnabeln am besten schlürft. Auf den Geschmack gekommen? Dann nichts wie weiter experimentiert!

Zimtbananen

ca. 20 Minuten

Zutaten:

1 Limone
1 unbehandelte Orange
50 g Mandelsplitter
2 Bananen
2 EL Zucker
2 EL Butter
50 ml trockener Sherry oder Weißwein
1 Prise Zimtpulver
Zimtstangen zum Dekorieren

Limone und Orange auspressen. Die Mandelsplitter in einer Pfanne leicht anrösten.

Die Bananen schälen und längs halbieren. In einer beschichteten Pfanne den Zucker unter Rühren zu einem hellen Karamell schmelzen lassen und die Butter dazugeben. Die Bananen darin auf beiden Seiten 1–2 Minuten braten, bis sie leicht gebräunt sind. Anschließend aus der Pfanne nehmen. Den Karamell mit dem Sherry oder Weißwein ablöschen, die Flüssigkeit einkochen lassen. Zimt, Limonen- und Orangensaft in die Pfanne geben und die Sauce einkocheh lassen. Die Bananenhälften auf Tellern anrichten, mit der Sauce begießen und mit den Mandelsplittern bestreuen.
Mit Zimtstangen dekoriert servieren.

Walnussmuffins

ca. 20 Minuten, plus 20–25 Minuten Backzeit

Zutaten:

1 Muffinsblech und 12 Papierback-förmchen
oder 24 Papierbackförmchen
90 g Walnusskerne
250 g Mehl
1/2 Päckchen Backpulver
125 g weiche Butter
125 g Zucker
2 Eier
250 ml Milch
1 Prise gemahlene Nelken

Die Mulden des Muffinsblechs mit Papierbackförmchen auslegen. Wer kein Muffinsblech hat, setzt jeweils 2 Förmchen ineinander und stellt sie auf ein Backblech. Den Backofen auf 180° (Umluft 160°) vorheizen.

Die Walnusskerne in der Pfanne ohne Fett rösten und anschließend grob hacken. Das Mehl mit dem Backpulver mischen. Die Butter mit dem Zucker und den Eiern verquirlen, dann das Mehl nach und nach untermischen und die Milch darunter rühren. Die Walnüsse dazugeben und alles mit einer Prise Nelken abschmecken.

Den Teig in die Förmchen füllen und 20–25 Minuten backen. Die Muffins schmecken warm oder abgekühlt – zum Beispiel am nächsten Morgen zum Frühstück.

Tipp: Ein scharf-süßes ungewöhnliches Betthupferl sind Erdbeeren mit Pfeffer. Dafür 250 g reife Erdbeeren waschen und trockentupfen. Das Grün als »Griff« dranlassen, größere Erdbeeren halbieren. Erdbeeren auf einem Teller anrichten. 2 EL schwarze Pfefferkörner im Mörser grob zerstoßen. Den geschroteten Pfeffer in ein kleines Schälchen füllen und die Erdbeeren hinein dippen.

Liebe geht durch den

Liebe geht durch den Magen!

Magen

Essen kann noch viel mehr als nach versüßter Nacht die Laken verkleben. Es kann sogar gebrochene Herzen wieder kitten. Wer's nicht glaubt, sollte sich mit einem geliebten Menschen an einem kalten Winterabend »Bittersüße Schokolade« ansehen. Der Film erzählt die Geschichte von einer jungen Mexikanerin und ihrem Geliebten, der gegen seinen Willen ihre ältere Schwester heiraten muss. Seine wahre Geliebte, todtraurig über den Verlust, bahnt sich über seine Geschmacksnerven den Weg in sein Herz: Sie kocht den Angebeteten mit den zauberhaftesten, leckersten, kostbarsten Speisen so lange weich, bis dieser (Jahre später!) allen Widerstand über Bord wirft und seinem Herzen folgt. Gibt es einen schöneren Beweis dafür, dass Liebe durch den Magen geht?

Zuppa d'Amore

ca. 30 Minuten

Zutaten:

300 g Karotten
1 Zwiebel
2 EL Butter
400 ml Geflügel- oder Gemüsebrühe
100 ml Orangensaft (frisch gepresst oder aus der Flasche)
1 walnussgroßes Stück Ingwer
Salz, Pfeffer aus der Mühle
2 EL Crème fraîche

Karotten und Zwiebel schälen und klein würfeln. Die Butter in einem Topf erhitzen und die Gemüse darin andünsten. Mit der Brühe aufgießen und in 15 Minuten weich kochen.

Die Suppe im Mixer fein pürieren und mit dem Orangensaft nochmals erwärmen. Den geschälten Ingwer auf einer feinen Reibe reiben und ebenfalls in die Suppe geben. Suppe mit Salz und Pfeffer abschmecken und auf zwei Teller verteilen. Obenauf noch je einen Klecks Crème fraîche setzen und servieren.

Tipp: Falls die Suppe zu dickflüssig wird, mit etwas Brühe verdünnen.

Kräuterrahmsuppe

ca. 15 Minuten

Zutaten:

1 Zwiebel

1 TL Mehl

600 ml Fleisch- oder Gemüsebrühe

1 Scheibe Toastbrot

3 EL Butter

50 g frische gemischte Kräuter (ersatzweise tiefgekühlt)

150 g Crème fraîche

Salz, Pfeffer aus der Mühle

Muskatnuss

Die Zwiebel schälen, klein würfeln und in der restlichen Butter anschwitzen. Das Mehl darüber stäuben und verrühren. Nach und nach die Brühe angießen und etwa 10 Minuten köcheln lassen

Inzwischen das Toastbrot in kleine Würfel schneiden, in 1 EL Butter knusprig braten und beiseite stellen. Die Kräuter waschen und grob hacken und mit 125 g Crème fraîche in die Suppe geben. Im Mixer fein pürieren. Mit Salz, Pfeffer und frisch geriebener Muskatnuss abschmecken. Gegebenenfalls nochmals kurz erhitzen und mit den Croûtons servieren. Zum Servieren einen Klacks Créme fraîche auf jeden Teller geben.

Tipp: Bei der Auswahl der Kräuter entscheidet Ihr Geschmack und das jahreszeitliche Angebot, was in die Suppe kommt. Oder was Sie in freier Wildbahn finden: Petersilie, Schnittlauch, Kerbel, Dill, Brunnenkresse, Borretsch oder Basilikum. Aber auch Wildkräuter wie Brennnessel, Sauerampfer, Bärlauch oder Löwenzahn passen hinein. Vorsicht ist nur bei sehr intensiv schmeckenden Kräutern angesagt: Liebstöckel, Rosmarin, Thymian und Estragon vorsichtig dosieren.

Mangoldtaschen

ca. 20 Minuten, plus 30 Minuten Backen

Zutaten:

4 Platten Blätterteig, tiefgekühlt

150 g Mangold

1 EL Butter

Salz, Pfeffer aus der Mühle

100 g Feta

2 EL Pinienkerne

1 Eigelb

1 EL Koriander, mit dem Messerrücken oder im Mörser zerdrückt

Den Blätterteig nebeneinander auf einer Arbeitsfläche auftauen lassen. Den Mangold waschen, trockenschütteln und klein schneiden. Die Butter in einem Topf schmelzen lassen, den Mangold darin in 10 Minuten bissfest garen. Abkühlen lassen und mit Salz und reichlich Pfeffer würzen. Den Feta mit einer Gabel zerbröseln und unter den Mangold mischen. Die Pinienkerne ohne Fett in einer Pfanne rösten und ebenfalls dazugeben. Den Backofen auf 200° vorheizen.

Die Mangoldmischung sollte eher trocken sein, damit der Blätterteig nicht aufweicht, darum im Zweifelsfall noch ein wenig ausdrücken. Die Füllung auf dem Blätterteig verteilen, die Teigränder leicht mit Eigelb bestreichen, je nach Form der Teigplatten zu Quadraten oder Dreiecken zusammenklappen und festdrücken. Die Taschen auf ein mit Backpapier ausgelegtes Backblech legen, mit dem restlichen Eigelb bestreichen und mit Koriander bestreuen. Mangoldtaschen im Backofen (Mitte, Umluft 175°) in 30 Minuten goldgelb backen.

Französischer Liebeszauber

ca. 15 Minuten

Zutaten:
1 Bund Rucola
250 g Kirschtomaten
4 Champignons
2 EL Pinienkerne
100 g junger Ziegenkäse oder Ziegenfrischkäse
3 EL weißer Balsamessig (Balsamico Bianco, ersatzweise 2 EL guter Weißweinessig mit etwas Zucker)
3 EL Olivenöl
1 TL scharfer Senf
Salz, Pfeffer aus der Mühle
eine Prise Zucker

Den Rucola waschen, trockentupfen, grobe Stiele entfernen, Blätter in mundgerechte Stücke schneiden. Die Tomaten waschen und vierteln. Die Champignons trocken putzen und in Scheiben schneiden. Die Pinienkerne in einer Pfanne ohne Fett leicht rösten. Den Ziegenkäse in kleine Würfel oder Scheiben schneiden und nebeneinander auf ein Stück Alufolie legen. Im Backofen bei 150° (Mitte, Umluft 125°) 5 Minuten erwärmen, bis der Käse eben gerade warm ist, aber noch nicht davonläuft.

Aus Essig, Öl, Senf, Salz, Pfeffer und Zucker eine Vinaigrette rühren und den Rucola damit vermischen. Auf zwei Teller verteilen, die Tomaten und Champignons darüber legen und die Käsewürfel darauf verteilen. Die Pinienkerne darüber streuen und servieren.

Romana-Blüten-Salat

ca. 15 Minuten

Zutaten:

1 kleiner Romanasalat
1 kleiner Zucchino
4 getrocknete Tomaten, in Öl eingelegt
eine Handvoll essbare Blüten, z.B. Kapuzinerkresse, Zucchini, Gänseblümchen, Borretsch, Oregano, Basilikum oder unbehandelte Rosenblätter
3 EL Joghurt
2 EL Olivenöl
1 EL Weißwein- oder Obstessig
3 EL Orangensaft
Salz, Pfeffer aus der Mühle

Den Salat waschen, putzen und in mundgerechte Stücke schneiden. Den Zucchino waschen und in feine Stifte schneiden. Die Tomaten abtropfen lassen und in Streifen schneiden. Die Blüten waschen und trockenschleudern.

Das Dressing aus Joghurt, Olivenöl, Essig und Orangensaft verrühren, mit Salz und Pfeffer abschmecken und mit dem Romana vermischen. Den Salat auf Tellern anrichten und die Zucchino- und Tomatenstreifen darüber verteilen. Die Blüten neben und auf den Salat legen und mit Weißbrot genießen.

Rote Bete-Gemüse

ca. 45 Minuten

Zutaten:

500 g rote Bete
100 ml Gemüsebrühe
2 EL Aceto Balsamico
1 EL Honig
Chilipulver
Salz
2 EL saure Sahne
2 EL Schnittlauchröllchen

Die roten Beten waschen und schälen, am besten mit Handschuhen, es sei denn, das Objekt Ihrer Begierde steht auf knallrote Handflächen. Die roten Beten in gleichmäßige Würfel schneiden und in einen Topf geben.

Brühe, Balsamico und Honig dazugeben, mit einer Messerspitze Chilipulver und einer Prise Salz würzen. Aufkochen lassen und zugedeckt in 30 Minuten weich dünsten. Nochmals abschmecken und auf zwei Teller verteilen. Die saure Sahne darüber klecksen und mit Schnittlauch bestreut servieren.

Fenchelquiche

ca. 25 Minuten, plus 35 Minuten Backen

Zutaten:
4 Platten Blätterteig, tiefgekühlt
50 g geräucherter Speck
1 Fenchelknolle (200 g) mit Fenchelgrün
1 Bund Frühlingszwiebeln
1 EL Butter
Salz, Pfeffer aus der Mühle
1 El Öl
100 g Sahne
1 Ei
50 g geriebener Emmentaler
Außerdem: Alufolie

Den Blätterteig nebeneinander auf einer Arbeitsfläche auftauen lassen. Den Speck in ganz kleine Würfel schneiden. Fenchel und Frühlingszwiebeln waschen und putzen. Von den Zwiebeln nur die weißen und hellgrünen Teile verwenden. Fenchel und Zwiebeln klein würfeln. Das Fenchelgrün klein hacken und beiseite stellen. Die Speckwürfel in einem Topf 5 Minuten anbraten, dann Fenchel, Zwiebeln und die Butter dazugeben, 5 Minuten garen und mit Salz und Pfeffer abschmecken. Den Backofen auf 200° vorheizen.

Aus zwei Lagen Alufolie zwei Quicheförmchen mit Rand formen, die so groß sind, dass je zwei Blätterteigplatten nebeneinander Platz haben. Die Aluformen auf ein Backblech setzen, mit Öl bepinseln und den Blätterteig leicht überlappend hineinlegen. Die Nahtstelle festdrücken und einen Teigrand hochziehen. Die Fenchel-Zwiebel-Mischung auf dem Blätterteig verteilen. Die Sahne mit dem Ei verrühren, mit Salz, Pfeffer und Muskat würzen, mit dem Käse mischen und über das Gemüse gießen. Mit dem Käse bestreuen. Im Backofen (Mitte, Umluft 175°) 35 Minuten backen, bis der Käse gebräunt ist. Quiche mit Fenchelgrün bestreuen und noch warm genießen.

Artischockenfrittata

ca. 15 Minuten

Zutaten:

3 eingelegte Artischockenherzen
1 kleine Zwiebel
4 Eier
1 EL fein gehackte Petersilie
Salz, Pfeffer aus der Mühle
1 EL Butter
1 EL Olivenöl

Die Artischocken abtropfen lassen und vierteln. Die Zwiebel schälen und in kleine Würfel schneiden. Die Eier in eine Schüssel aufschlagen und mit Petersilie, Salz und Pfeffer mit Hilfe einer Gabel leicht verrühren.

Butter und Öl in einer beschichteten Pfanne erhitzen und die Zwiebelwürfel darin glasig braten. Die Artischockenviertel in der Pfanne verteilen und die Eiermischung darüber gießen. Die Frittata bei mittlerer Hitze braten, bis die Eimasse stockt. Einen flachen Topfdeckel auf die Pfanne legen, festhalten und umdrehen. Die Frittata wieder in die Pfanne gleiten lassen und die andere Seite bräunen. Aus der Pfanne nehmen und in Tortenstücke aufschneiden.

Tipp: Die Frittata schmeckt übrigens auch kalt ausgezeichnet und funktioniert natürlich genauso mit anderen Gemüsen, wie Frühlingszwiebeln, Paprika, Zucchini, Fenchel, Spargel oder Pilzen. Und wem das zu vegetarisch ist, der mischt einige ausgelassene Speckwürfel darunter.

Kaninchenkeulen

ca. 1 1/4 Stunden

Zutaten:

2 Kaninchenkeulen
Salz, Pfeffer aus der Mühle
2 EL Butter
1 Möhre
4 Schalotten
50 ml Weißwein
1-2 EL Estragon- oder Weißwein-essig
1-2 EL Dijon-Senf
200 ml Geflügelfond
einige Zweige Estragon
6 Champignons
100 g Sahne
Chilipulver

Die Kaninchenkeulen waschen, trockentupfen und mit Salz und Pfeffer würzen. 2 EL Butter in einem Topf erhitzen und die Keulen schonend anbraten. Die Möhre schälen, halbieren und in dünne Streifen schneiden. Die Schalotten nur schälen und mit den Möhrenstiften zum Fleisch geben. Kurz andünsten, dann mit Weißwein und Essig ablöschen. Die Flüssigkeit ein wenig einkochen lassen, den Senf einrühren und den Geflügelfond angießen. Die Estragonblätter von den Zweigen zupfen, aufbewahren und die Stängel in die Sauce geben. Zugedeckt bei schwacher Hitze etwa 1 Stunde schmoren lassen.

10 Minuten vor Ende der Kochzeit die Champignons putzen, vierteln und einige Minuten in der restlichen Butter anbraten, bis sie ein wenig Farbe bekommen. Dann zu den Kaninchenkeulen geben. Wenn das Fleisch gar ist, die Keulen herausnehmen, die Sahne angießen und die Sauce dicklich einkochen lassen. Dann nochmals abschmecken, z.B. mit Salz, Pfeffer, Essig, Chilipulver oder Senf, und die Keulen nochmals kurz erwärmen. Die Estragonblätter darüber streuen und die Kaninchenkeulen servieren.

Tipp: Als Beilage schmecken frische Bandnudeln am besten, aber ein kleines Risotto wäre auch nicht verkehrt. Das Rezept klappt auch wunderbar mit Hühnerkeulen, dabei vorher die Haut entfernen.

Lammfilet in Senfkruste

ca. 30 Minuten

Zutaten:

30 g Semmelbrösel
3 EL gehackte Petersilie
1 EL Butter
2 EL scharfer Senf (z.B. Dijon-Senf)
Salz, Pfeffer aus der Mühle
2 Stück Lammfilet (zusammen etwa 350 g)
1 EL Mehl
2 EL Olivenöl
100 ml Rotwein
2 EL Aceto Balsamico
einige frische Rosmarinnadeln oder getrockneten, zerstoßenen Rosmarin

Semmelbrösel, Petersilie, die weiche Butter und den Senf zu einer Paste verrühren und mit Salz und Pfeffer abschmecken.

Das Lammfleisch mit Salz und Pfeffer würzen und leicht mit Mehl bestäuben. Das Olivenöl in einer Pfanne erhitzen und das Fleisch von allen Seiten anbraten. Die Hitze etwas reduzieren und das Fleisch in 7-10 Minuten medium braten. Das Fleisch herausnehmen und die Bratrückstände in der Pfanne mit dem Rotwein und Aceto Balsamico ablöschen. Den Rosmarin dazugeben und die Sauce einkochen lassen. Die Senfpaste auf der Oberseite des Lammfilets verteilen und das Fleisch wieder zurück in die Pfanne legen. Unter dem Grill bei starker Hitze kurz gratinieren, bis die Senfkruste gebräunt ist.

Das Fleisch noch kurz ruhen lassen, dann schräg halbieren und mit der Sauce auf zwei vorgewärmten Tellern servieren.

Tipp: Die Pfanne natürlich nur in den heißen Backofen stellen, wenn der Griff hitzebeständig ist. Sonst das Fleisch in einer Auflaufform gratinieren.
Zu dem Lammfleisch schmecken klassisch Bohnen aller Art, saftiges Kartoffelgratin oder auch die rote Bete von Seite 49.

Weißweinbirnen

ca. 25 Minuten

Zutaten:

2 reife, aber feste Birnen

1 walnussgroßes Stück Ingwer

400 ml Weißwein

50 g Zucker

2 Nelken

Frische Minze zur Dekoration

2 cl Birnenbrand

Die Birnen schälen, den Stiel aber nicht entfernen. Den Blütenstand gerade abschneiden, sodass die Birnen stehen. Den Ingwer schälen und in dünne Scheiben schneiden.

In einem kleinen Topf, in dem die beiden Birnen gerade stehend Platz haben, Weißwein, 300 ml Wasser, Zucker, Ingwerscheiben und die Nelken aufkochen und die Birnen hineinsetzen. Nochmals aufkochen und zugedeckt 5–10 Minuten, je nach Reifegrad der Birnen, bei kleiner Hitze köcheln lassen. Die Birnen herausheben, die Nelken entfernen und 300 ml der Flüssigkeit sirupartig einkochen lassen (braucht etwas Zeit).

Minze in Streifen schneiden. Den Birnenbrand in den Sirup geben und die lauwarme Sauce auf zwei Suppenteller verteilen.
Die Birnen darauf setzen und mit der Minze bestreuen.

Power für die Libido

Power für die Libido

Paare, die sich ein Leben lang bedingungslos lieben, sind eine schöne Ausnahme der Natur. Für gewöhnlich unterliegt die Liebe natürlichen Reibungsverlusten. Sexologen behaupten, dass die Schmetterlinge im Bauch schon nach drei Monaten erlahmen. Nochmal drei Monate, und die Koitusfrequenz ist schon auf knapp die Hälfte gesunken. Aber was, bitteschön, kann man tun, um das Feuer der Liebe lange am Lodern zu halten? Was gibt es gegen das große Gähnen?

Hier einige Scharfmacher im Überblick:

Dessous

Rote Bügel-Bustiers, schwarze Strapse oder unschuldige, weiße Feinripp-Hemdchen. BHs und Bandeau-Tops, Tangas und Strings. Nackt sind wir früh genug – die Kunst der Verführung liegt in der Verkleidung.

Und wer die heißen (Körper-)Teile in ein besonders gutes Licht rücken will, kombiniert die Dessous-Show mit einem kleinen Strip à la Kim Basinger. Wir garantieren: Danach wird er sich nicht mehr lange auf seinem Stuhl halten können!

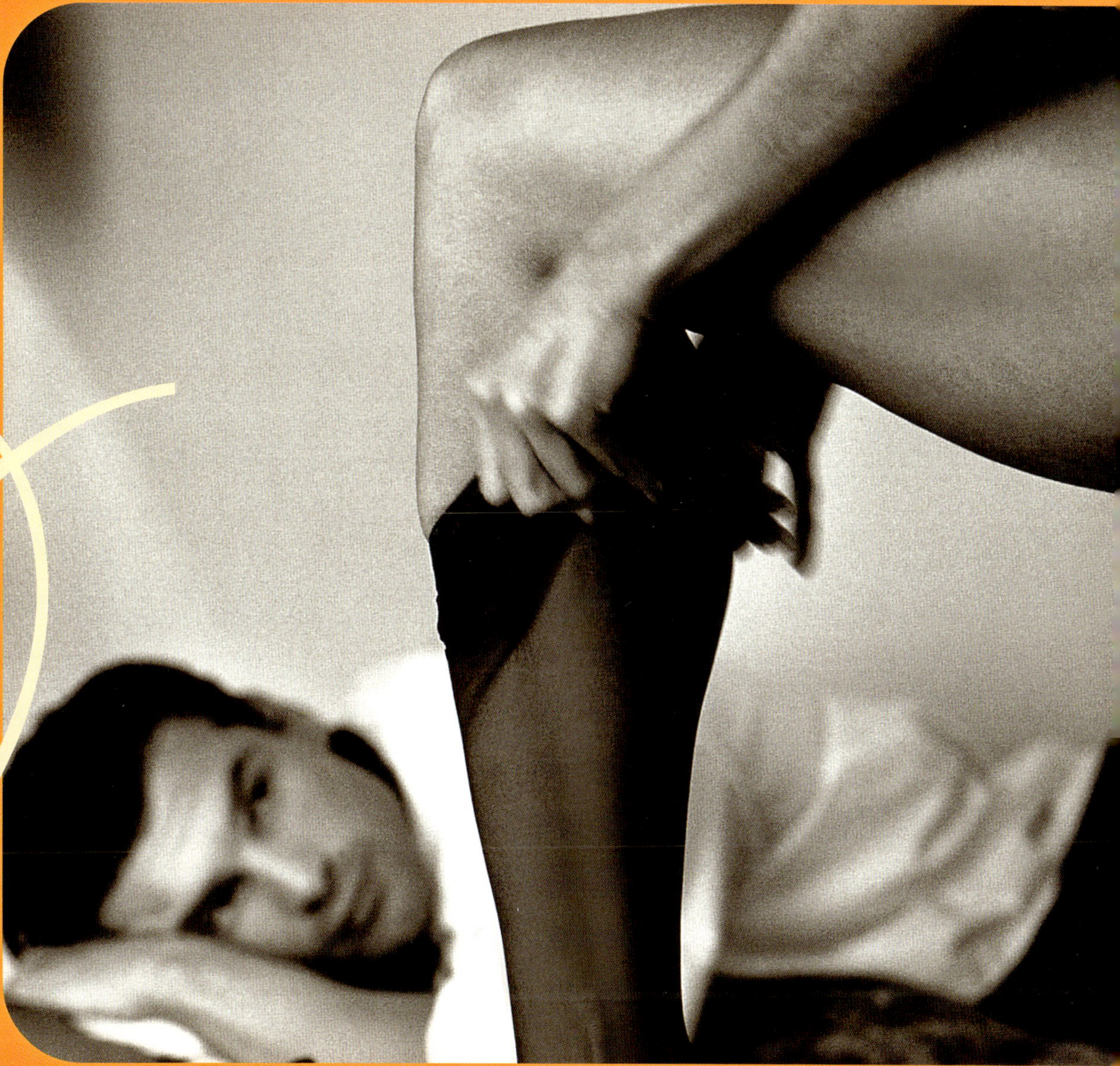

Aphrodisiaka

Die einen schwören auf die Tropfen, Tinkturen und Salben aus den Erotiklabors, andere bedienen sich einfacher Küchenkräuter, um ihren »Appetit« anzuheizen. Was man nimmt, ist Geschmackssache, ob es wirkt, ist eine Sache des Standpunkts. Aber einen Versuch wert sind die Zaubermittelchen allemal.

Tipps für Einsteiger: Dill enthemmt, Majoran betört und Minze hilft gegen Impotenz. Ingwer regt die Durchblutung an, Melisse macht fröhlich, Muskatnuss stärkt den Trieb. Noch Fragen?

Abenteuer

Öfter mal was Neues – das bringt die Lustnerven in Wallung! Das Leben steckt voller kleiner Abenteuer, die nur darauf warten, zu zweit erlebt zu werden … Picknick auf dem Großglockner mit zärtlicher Regenerationsphase unterm Gipfelkreuz, im Schlafwagen dem hölzernen Rhythmus ländlicher Nebenstrecken folgend, Achterbahnfahren auf dem Oktoberfest (und im Fünferlooping die Hände ganz fest ineinanderkrallen). Das sind die wahren Herausforderungen unserer Zeit! Nur Ungeübte beschränken die Erotik-Variationen auf die eigenen vier Wände: Wie wäre es denn, in der Garderobe des Luxusrestaurants zwischen Aperitif und Vorspeise ein Amuse-gueule der besonderen Art zu genießen?

Montag:
Tai Chi.

Dienstag:
Französischkurs.

Mittwoch:
Abendessen mit den Kolleginnen –
unbedingt Tisch bei »Silvio« reservieren!

Donnerstag:
Friseur, anschließend Kosmetikstudio.

Freitag:
Einkaufen, Wäsche waschen, putzen,…

Liebeswochenende

Alltag fressen Seele auf. Und die Liebe leidet mit.
Keine Zeit. Keine Lust. Oder schlicht und einfach Kopfschmerzen. Libido-Perspektive? Zappenduster!

Das muss nicht sein!

Wozu ist schließlich das Wochenende da?
48 Stunden, die wie geschaffen dafür sind, nach Lust und Laune »Beziehungsarbeit« zu leisten!
Sich gegenseitig verwöhnen (beim Essen, Trinken, etc.), gemeinsam relaxen (auf ausgedehnten Wald- und Wiesen-Spaziergängen oder daheim, gemütlich auf dem Sofa) und einfach nur das Leben und die Liebe genießen – das killt den Stress und stimuliert die Triebe.

Ein paar heiße Ideen für noch innigere Liebeswochenenden – mit viel Zeit für den Partner:
Kulinarisch wertvoll: Frühstück im Bett, …
… weil man sich mal zwischen harten Brötchenkrümeln geliebt haben muss, um zu wissen, dass es sich fast so prickeld anfühlt wie Sommerliebe am Strand.

Liebeswochenende

Gemütlich und nett: Windstärke 12 im Wasserbett, …

… weil man mit dem Liebsten in sein eigenes Universum abtauchen und für einen (oder sogar zwei!) Tage(e) die Welt aussperren kann.

Sexy! Partner-Massage, …

… weil man beim medizinisch indizierten Beugen und Strecken seiner Extremitäten auf ganz unanständige Gedanken kommt …

Anregend, unvernünftig, kapriziös: Kurztrip, …

… weil man sich mal den Luxus gegönnt haben sollte, sich zwei Tage lang in der Suite eines Luxushotels einzuquartieren und das Hotelzimmer für die nächsten 48 Stunden nicht mehr zu verlassen. Warum auch? Es gibt doch Zimmerservice …

Ananasshake

ca. 10 Minuten

Zutaten:

1/4 reife Banane

50 ml Kokosmilch

30 g Sahne

150 ml Ananassaft

50 ml Orangensaft

50 ml brauner Rum, nach Belieben

gestoßenes Eis

2 Ananasscheiben, frisch oder aus der Dose

Banane, Kokosmilch, Sahne, Ananas- und Orangensaft sowie nach Belieben den Rum im Mixer pürieren. Das Eis in zwei Gläser füllen, den Shake darauf verteilen und mit den Ananasscheiben garniert servieren.

Tipp: Da die wenigsten Menschen einen Eiscrusher ihr eigen nennen – zu Recht, denn den braucht man etwa genauso oft wie einen Eierschneider – die Eiswürfel in ein sauberes Geschirrtuch wickeln und beispielsweise mit einem Hammer zerstoßen.

Der Drink schmeckt auch ohne Alkohol, dann die Saftmenge etwas erhöhen.

Pestocrostini

ca. 20 Minuten

Zutaten:
125 g Mozzarella
20 Cocktailtomaten
1 EL Olivenöl
Salz, frisch gemahlener schwarzer Pfeffer
10 Scheiben Baguette, nicht zu dick geschnitten
2 EL Pesto
einige Blätter Basilikum

Den Backofen auf 220° vorheizen. Den Mozzarella abtropfen lassen und in 10 Scheiben schneiden.

Die Tomaten waschen, trocken tupfen und vierteln. In einer Schüssel mit dem Olivenöl vermischen und mit Salz und Pfeffer würzen. Baguettescheiben dünn mit Pesto bestreichen, mit den Tomaten und obenauf 1 Scheibe Mozzarella belegen. Die Brote auf ein Backblech legen und im Ofen (Mitte, Umluft 200°) ca. 5 Minuten backen. Basilikumblätter in Streifen schneiden, die Crostini damit bestreuen und noch warm genießen.

Tipp: Die Baguettescheiben statt mit Pesto mit schwarzer oder grüner Olivencreme bestreichen.

Gemüsecurry

ca. 30 Minuten

Zutaten:

2 Möhren

1 Bund Frühlingszwiebeln (nur der weiße Teil mit etwas Grün)

2 EL Olivenöl

2 EL grüne Currypaste (aus dem Asienladen)

400 ml Kokosmilch

1 rote Paprikaschote

100 g Zuckerschoten

200 g Kichererbsen, abgetropft aus der Dose

3 EL Sojasauce

1 TL Zucker

Die Möhren schälen, Frühlingszwiebeln putzen. Beides in Scheiben schneiden. In einem Topf das Öl erhitzen und beides andünsten. Die Currypaste unterrühren und 1 Minute mitrösten. Mit der Kokosmilch ablöschen und 10 Minuten köcheln lassen.

Inzwischen die Paprikaschote putzen, waschen und in Streifen schneiden. Die Zuckerschoten waschen und die Enden abschneiden. Die Kichererbsen in einem Sieb unter kaltem, fließendem Wasser abspülen und abtropfen lassen. Paprika und Zuckerschoten in die Currysauce geben und weitere 5–10 Minuten garen. Schließlich die Kichererbsen unterrühren, mit Sojasauce und Zucker abschmecken, noch 1 Minute köcheln lassen und servieren.

Tipp: Mit dieser Kombination aus Kokosmilch und Currypaste können Sie natürlich jede Art von Curry zaubern: Ob mit anderen Gemüsen wie Erbsen, Stangensellerie, Bohnen, Spargel oder Broccoli, oder mit geschnetzelter Hühnerbrust oder Garnelen. Zutaten mit längerer Garzeit einfach vorher kurz in kochendem Salzwasser blachieren und kalt abschrecken oder separat braten. Und mit frischen Gewürzen wie Kaffir-Limettenblätter, Thai-Basilikum, Zitronengras oder Koriander lässt sich hervorragend experimentieren.

Penne mit Entenbrust

ca. 30 Minuten

Zutaten:

1 Entenbrust (ca. 350 g)
1 Zwiebel
1 Möhre
1/2 Stange Stangensellerie
2 EL Olivenöl
100 ml Weißwein
100 ml Geflügelfond
150 g Sahne
Salz, Pfeffer aus der Mühle
Cayennepfeffer
200 g Penne rigate
frisch geriebener Parmesan

Von der Entenbrust die Haut und das Fett möglichst vollständig entfernen. Das Fleisch in kleine Würfel schneiden. Die Zwiebel und die Möhre schälen, Stangensellerie putzen und waschen, alles klein würfeln.

Das Olivenöl in einem großen Topf erhitzen und die Fleischwürfel darin anbraten. Zwiebel, Möhren- und Selleriewürfel dazugeben und mit andünsten. Mit dem Weißwein ablöschen und die Flüssigkeit fast vollständig einkochen lassen. Den Geflügelfond angießen und das Fleisch zugedeckt in 15–20 Minuten weich schmoren lassen. Inzwischen die Penne in einem großen Topf in Salzwasser nach Packungsanweisung bissfest kochen.

Wenn das Fleisch gar ist, die Sahne in die Sauce geben und mit Salz, Pfeffer und Cayennepfeffer abschmecken. Bei geringer Hitze weiter ziehen lassen oder, falls die Sauce zu flüssig ist, noch ein wenig einkochen lassen.

Die Nudeln abgießen, kurz abtropfen lassen und in die Sauce geben. Kurz durchschwenken, auf zwei Teller verteilen und mit Parmesan bestreut servieren.

Fischsuppe mit Safran

ca. 15 Minuten

Zutaten:

1 kleine Stange Lauch
1/2 Knoblauchzehe
1 EL Butter
50 ml Weißwein
500 ml Fischfond
einige Safranfäden
Salz, Pfeffer aus der Mühle
Cayennepfeffer
150 g frisches Lachsfilet
150 g frisches Süßwasserfischfilet
(z.B. Forelle, Saibling oder Zander)

Den Lauch putzen, waschen und den weißen Teil in feine Streifen schneiden. Den Knoblauch durch die Presse drücken und zusammen mit dem Lauch in der Butter anschwitzen. Den Weißwein angießen und etwas einkochen lassen. Fischfond und Safran dazugeben, mit Salz, Pfeffer und vorsichtig mit Cayennepfeffer würzen und aufkochen lassen.

Während die Suppe kocht, den Fisch in mundgerechte Würfel schneiden. Die Fischstücke 10 Sekunden in der kochenden Suppe garen und die Suppe dann sofort servieren.

Tipp: Statt mit Lauch schmeckt die Fischsuppe auch mit Fenchel oder Sellerie ausgezeichnet. Die Hälfte der Fischfilets können gut durch gekochte und geschälte Garnelenschwänze ersetzt werden.

Paprikarisotto

ca. 40 Minuten

Zutaten:

2 rote Paprikaschoten
1 gelbe Paprikaschote
1 Zwiebel
4 EL Butter
100 g Risottoreis
75 ml Weißwein
Salz, Pfeffer aus der Mühle
250 ml heiße Fleisch-, Geflügel- oder Gemüsebrühe
30 g frisch geriebener Parmesan
1 EL gehackte Petersilie

Den Backofen auf 225° vorheizen. Die roten Paprikaschoten waschen und trockentupfen, auf das Backofenblech legen und für 3 Minuten in den Backofen (Mitte, Umluft 200°) geben. Paprikaschoten herausnehmen und auskühlen lassen. Den Deckel abschneiden und Kerne und Zwischenwände entfernen.

Die gelbe Paprikaschote putzen, waschen und in nicht zu kleine Würfel schneiden. Die Zwiebel schälen und klein würfeln. 2 EL Butter in einem Topf schmelzen lassen und die Paprika- und Zwiebelwürfel leicht andünsten. Den Reis dazugeben und unter Rühren glasig werden lassen. Mit dem Weißwein ablöschen und den Reis würzen. Nach und nach die Brühe angießen und den Risotto in 15–20 Minuten fertig garen.

Die restliche Butter, Parmesan und die Petersilie unter das Risotto rühren, den Risotto in die halbierten roten Paprikaschoten füllen und servieren.

Vanilleeis auf Obstspiegel

ca. 10 Minuten

Zutaten:

sehr gutes Vanilleeis nach Appetit
2 reife Kiwis
2 TL Puderzucker
2 EL Zitronensaft
4 EL Prosecco oder trockener Sekt
250 g frische Himbeeren (ersatzweise tiefgekühlt und aufgetaut)
Minzeblättchen zum Garnieren

Das Vanilleeis schon mal aus dem Gefrierfach nehmen. Für die Kiwisauce die Früchte schälen und mit 1 TL Puderzucker, 1 EL Zitronensaft und 2 EL Prosecco mixen. Die Himbeeren waschen und trockentupfen und mit dem restlichen Puderzucker, Zitronensaft und Prosecco pürieren.

Vom Vanilleeis kleine Nocken abstechen und auf zwei Teller verteilen. Die Fruchtsaucen gleichzeitig von beiden Seiten vorsichtig in die Teller gießen, sodass sie sich in der Mitte treffen. Mit den Minzeblättchen dekorieren.

Tipp: Den restlichen Prosecco einfach selber trinken...

Gegrillte Feigen

ca. 15 Minuten

Zutaten:

4 Feigen

2 EL Butter

2 EL Zucker

1 EL Balsamico

Die Feigen waschen, trockentupfen und halbieren. Butter und Zucker zusammen in einem kleinen Topf erwärmen, bis der Zucker aufgelöst ist, dann den Aceto Balsamico darunter rühren.

Die Feigenhälften mit der runden Seite nach oben nebeneinander in eine kleine Auflaufform setzen. Den Backofengrill vorheizen. Die Butter-Zucker-Mischung auf den Feigen verteilen und 5 Minuten grillen. Wer keinen Grill hat, überbackt die Feigen 10 Minuten im vorgeheizten Backofen (Mitte, 240°, 220° Umluft). Die Feigen noch warm servieren.

Tipp: Im Sommer schmecken die Feigen besonders gut zu einer (selbstgemachten?) Eiscreme oder einer Panna Cotta. Und wer die Feigen auf herzförmig ausgestochenen, getoasteten Briochescheiben serviert, macht auch keinen Fehler!

Register

Impressum

Redaktion: Anne Taeschner
Lektorat: Bettina Bartz
Gestaltung: Wildatart, Andrea Schmidt, München
Produktion: Petra Roth
Satz und Layoutrealisierung: Büro für Informationsgestaltung, München
Foodfotos: Brigitte Sauer Fotodesign, Nürnberg
Foodstyling: Toni Krank
Peoplefotos: Bavaria S. 61, 64, 66; Folio ID/Obert-Huber S. 23, 40; Image Bank: S. 6 (White, Packert), 24, 58 (Silva), 26 (Erlanson), 27 (Danaher), 34 (Regine M.)
Reproduktion: Repro Schmidt, Dornbirn/Österreich
Druck: Appl, Wemding
Bindung: Großbuchbinderei Monheim

ISBN 3-7742-2718-7

Auflage 7.
Jahr 04

Die Autoren

Katja Lange, 31, arbeitete als freie Mitarbeiterin für die Augsburger Allgemeine und die Hannoversche Allgemeine Zeitung, ehe sie sich bei Cosmopolitan mit »amüsanteren« Themen als Lokal- und Kulturpolitik auseinandersetzte. Nach ihrem Magister in Politischen Wissenschaften arbeitete sie zwei Jahre lang beim digitalen Fernsehen, und machte sich anschließend als freie Autorin selbständig. Seither schreibt sie für verschiedene Frauenzeitschriften über alles, was Spaß macht: Szene, (Life)Style und Sex.

Andreas Furtmayr, 34, war sofort mit Feuer und Flamme dabei: Er schreibt und übersetzt Kochbücher, betreibt eine Weinhandlung in München, organisiert Parties und Events und kümmert sich um das Catering. Am allerliebsten verwöhnt der leidenschaftliche Koch und Genießer seine weiblichen Gäste – auch kulinarisch.

Die Fotografin

Brigitte Sauer ist – wie auf Grund ihres Stier-Aszendenten nicht anders zu erwarten – passionierte Genießerin. Selbst zu kochen und mehr noch selbst zu essen, zählt zu einer ihrer größten Leidenschaften. Seit 1995 arbeitet sie als freie Fotografin für Zeitschriften, Verlage und Werbung und fotografiert am liebsten Food, Stills und Reportagen.
Die Bilder für »Erotic Food« entstanden in Zusammenarbeit mit **Toni Krank**, der seit 1986 als Foodstylist tätig ist. Der gelernte Koch hat bei Otto Koch in der Schweiz gearbeitet und hat seit 2000 ein kleines aber feines Restaurant »Arte mangare« in Mittergars.

Das Original mit Garantie

Ihre Meinung ist uns wichtig. Deshalb möchten wir Ihre Kritik, gerne aber auch Ihr Lob erfahren, um als führender Ratgeberverlag für Sie noch besser zu werden. Darum: Schreiben Sie uns! Wir freuen uns auf Ihre Post und wünschen Ihnen viel Spaß mit Ihrem GU-Ratgeber.

Unsere Garantie: Sollte ein GU-Ratgeber einmal einen Fehler enthalten, schicken Sie uns bitte das Buch mit einem kleinen Hinweis und der Quittung innerhalb von sechs Monaten nach dem Kauf zurück. Wir tauschen Ihnen den GU-Ratgeber gegen einen anderen zum gleichen oder ähnlichen Thema um.

Ihr GRÄFE UND UNZER VERLAG
Redaktion Kochen
Postfach 86 03 25
81630 München
Fax: 089/41981-113
e-mail:
leserservice@graefe-und-unzer.de